AF326398

NOTICE BIOGRAPHIQUE

sur

FRANÇOIS ARAGO

PAR

EMILE VERAX

« C'est le plus noble cœur et la plus
forte tête de l'époque. »
A. DE HUMBOLDT

EDITION POPULAIRE

PERPIGNAN
IMPRIMERIE JOACHIM COMET
rue Saint-Dominique
1879
PROPRIETE RESERVEE

NOTICE BIOGRAPHIQUE

SUR

FRANÇOIS ARAGO

PAR

EMILE VERAX

> « C'est le plus noble cœur et la plus
> forte tête de l'époque. »
>
> A. DE HUMBOLDT

EDITION POPULAIRE

PERPIGNAN

IMPRIMERIE JOACHIM COMET

rue Saint-Dominique

1879

PROPRIÉTÉ RÉSERVÉE

ODE A FRANÇOIS ARAGO

La gloire dans ce jour peut tresser sur ta tête
Les immortels lauriers que tu cueillis au ciel.
Quand nouveau Prométhée, avide de conquête,
Tu dérobas la foudre aux mains de l'Éternel.

Tu réservais, plongé dans ton travail immense,
A la Terre le jour et la nuit pour les Cieux ;
Tu disais au soleil : « Roi, malgré ta puissance,
L'homme peut calculer tes reflets lumineux.

Puis tu donnais la foudre aux enfants de la Terre,
La foudre qui jadis appartenait au Ciel ;
Autrefois grand fléau, insondable mystère,
Elle sert maintenant de hochet au mortel.

Scrutant tous les secrets cachés par les nuages,
Dérobant la puissance et leurs armes aux dieux,
Renversant les autels élevés par les âges
Anx Entités d'en-haut ; tu détronas les cieux.

Tu sus verser sur nous les flots de ta science
Et la foule aujourd'hui peut lire comme toi
Dans ce livre tenu fermé par l'Ignorance,
Dont les secrets jadis la plongeaient dans l'effroi.

Citoyen, tu luttas pour la chose publique,
Pour donner à la foule un peu de royauté,
Et tu mourus enfin, nouveau Caton d'Utique ;
Car tu venais de voir mourir la Liberté.

Mais le jour est venu de consacrer ta gloire ;
Et le peuple dira sous ton grand piédestal :
« Ses titres sont bien mieux gravés dans ma mémoire,
Ses bienfaits dans mon cœur que sur ce vil métal ! »

SMA-IDA

NOTICE BIOGRAPHIQUE

SUR

FRANÇOIS ARAGO

« C'est le plus noble cœur et la plus
forte tête de l'époque. »

A. DE HUMBOLDT

Dominique-Jean-François Arago, est né le 26 février 1786, à Estagel, jolie petite ville de trois mille habitants, à une vingtaine de kilomètres de Perpignan. Son père, licencié en droit, possédait quelques propriétés dont le revenu faisait vivre sa nombreuse famille. François Arago apprit à lire et à écrire à l'école primaire d'Estagel et reçut chez lui quelques leçons de musique vocale. Il ne faisait guère pressentir alors ce qu'il serait plus tard. Pourtant des goûts militaires très prononcés et une haine violente contre les envahisseurs de sa patrie lui inspiraient, dès l'âge de sept ans, une action héroïque. Un détachement des troupes espagnoles, qui fuyaient après avoir été défaites à Peyrestortes, s'étant égaré, traversait un matin la place d'Estagel. L'enfant court aussitôt à la maison, s'arme d'une lance, oubliée par un soldat de la levée en masse, et, s'embusquant au coin d'une rue, frappe le chef des cinq cavaliers qui formaient le détachement. Celui-ci allait répondre à cette brusque attaque, lorsque des paysans, armés de fourches, vinrent soustraire le jeune patriote à la colère des Espagnols et les firent prisonniers.

Le père d'Arago ayant été nommé payeur à l'hôtel des monnaies de Perpignan, toute la famille le suivit dans sa nouvelle résidence, et le jeune François pût être placé comme externe au collège communal de la ville. L'enfant ne montra pas beaucoup de goût pour les études qu'on lui fit faire. Les auteurs français étaient seuls l'objet de sa prédilection. Il laissait bien souvent ses thèmes et ses versions pour ses chers classiques et bien souvent aussi ses leçons de chant pour les jeux de son âge. Jusqu'alors il avait fait peu de progrès dans ses études ; mais un évènement imprévu en changea la direction. Se promenant un jour sur les remparts de Perpignan, il vit un jeune officier de génie et lui demanda comment il avait pu gagner si rapidement l'épaulette. Celui-ci lui expliqua comment un jeune homme pouvait devenir officier dans l'armée en sortant de l'École polytechnique, après avoir subi un certain nombre d'examens, les uns pour entrer dans cette École, les autres pour en sortir. Arago se procure aussitôt le programme des examens et abandonne Corneille, Racine, La Fontaine, Molière, pour se livrer aux mathématiques. Mais ici s'éleva pour lui une grande difficulté. Le cours de mathématiques était professé par l'Abbé Verdier dont les connaissances, de l'aveu même d'Arago, n'allaient pas au-delà du cours élémentaire de La Caille. Voyant l'insuffisance des leçons d'un tel professeur, il se décida à se préparer tout seul en étudiant les traités de Legendre, de Lacroix et de Garnier. En parcourant ces ouvrages, il rencontrait des difficultés qui l'empêchèrent quelquefois d'avancer. Il ne comprenait pas toujours ce qu'il lisait. Mais ayant lu un jour la réponse de d'Alembert à un jeune homme qui éprouvait les mêmes difficultés : « Allez, Monsieur, allez, et la foi vous viendra », il suivit le conseil et se trouva au bout d'un an et demi, prêt à subir l'examen. Il se rendit à Montpellier à cet effet. Mais Monge, qui devait examiner les candidats, étant tombé malade à Toulouse, les invita à venir à Paris pour être examinés. Arago, ne pouvant lui-même à cause d'une indisposition accomplir un si grand voyage, retourna à Perpignan où il continua à se préparer en étudiant les ouvrages d'Euler, de Lagrange et de Laplace. Il se rendit à Toulouse, un an après, en compagnie d'un candidat qui s'était préparé au collège de Perpignan. « C'était la première fois que des élèves venant de Perpignan se présentaient au concours, dit Arago à qui nous empruntons le récit de son examen ; mon camarade intimidé échoua complètement. Lorsque, après lui, je me rendis au tableau, il s'établit entre M. Monge, l'examinateur, et moi, la conversation la plus étrange : « Si vous devez répondre comme votre camarade, il est inutile que je vous interroge. — Monsieur, mon camarade en sait beaucoup plus qu'il ne l'a montré : j'espère être plus heureux que lui : mais ce que vous venez de me dire pourrait bien m'intimider et me priver de tous mes moyens. — La timidité est toujours l'excuse des ignorants ; c'est pour vous éviter la honte d'un échec que je vous fais la proposition de ne pas vous examiner. — Je ne connais pas de honte plus grande que celle que vous m'infligez en ce moment. Veuillez m'interroger, c'est votre devoir. — Vous le prenez de bien haut, Monsieur ! Nous allons voir tout à l'heure si cette fierté est légitime. — Allez, Monsieur, je vous attends ! »

M. Monge m'adressa alors une question de géométrie à laquelle je répondis de manière à affaiblir ses préventions. De là, il passa à une question d'algèbre, à la résolution d'une équation numérique. Je savais l'ouvrage de Lagrange sur le bout du doigt ; j'analysai toutes les méthodes connues en en développant les avantages et les défauts :

méthode de Newton, méthode des séries récurrentes, méthode des cascades, méthode des fractions continues, tout fut passé en revue ; la réponse avait duré une heure entière. Monge, revenu alors à des sentiments d'une grande bienveillance, me dit : « Je pourrais, dès ce moment, considérer l'examen comme terminé : je veux cependant, pour mon plaisir, vous adresser encore deux questions. Quelles sont les relations d'une ligne courbe et de la ligne droite qui lui est tangente ? » Je regardai la question comme un cas particulier de la théorie des oscillations que j'avais étudiée dans le *Traité des fonctions analytiques de Lagrange*. « Enfin, me dit l'examinateur, comment déterminez-vous la tension des divers cordons dont se compose une machine funiculaire ? » Je traitai ce problème suivant la méthode exposée dans la *Mécanique analytique*. On voit que Lagrange avait fait tous les frais de mon examen. J'étais depuis deux heures et quart au tableau ; M. Monge, passant d'un extrême à l'autre, se leva, vint m'embrasser, et déclara solennellement que j'occuperais le premier rang sur sa liste. Le dirai-je ? pendant l'examen de mon camarade, j'avais entendu les candidats toulousains débiter des sarcasmes très-peu aimables pour les élèves de Perpignan ; c'est surtout à titre de réparation pour ma ville natale que la démarche de M. Monge et sa déclaration me transportèrent de joie. »

Il n'y avait qu'un an que François Arago était entré avec le premier numéro à l'École polytechnique, et déjà ses progrès dans l'étude des sciences étaient tels qu'il put se concilier l'amitié de ses professeurs et notamment celle du grand géomètre Poisson. Vers cette même époque, le fils de Méchain, secrétaire de l'Observatoire, ayant donné sa démission, Poisson offrit cette place à Arago. Celui-ci accepta, à condition qu'il pourrait rentrer dans l'artillerie si cela lui convenait. Car il ne voulait pas encore renoncer à la carrière militaire. C'est pour ce motif et parce qu'il n'avait pu subir ses examens de sortie que son nom resta inscrit sur la liste des élèves de l'Ecole et qu'il fut seulement considéré comme détaché à l'Observatoire pour un service spécial.

Il débuta par un travail sur les affinités des corps par la lumière et devint le collaborateur de Biot dans les recherches sur la réfraction des gaz.

La Convention nationale, en établissant le système décimal, avait pris pour unité invariable de mesure la dix-millionième partie de l'arc du méridien terrestre. Pour déterminer exactement cette fraction, Delambre et Méchain avaient mesuré la partie comprise entre Dunkerque et Barcelone. Mais ce dernier était mort à la tâche en désespérant du succès. Biot et Arago, bien que celui-ci eût voté contre le consulat à vie, furent chargés par le gouvernement de l'empereur et par l'entremise de Laplace de continuer les opérations depuis Barcelone jusqu'aux Iles Baléares, à l'Ile d'Iviça qu'il fallait rattacher au continent par un triangle dont les côtés dépasseraient quarante lieues. Ils partirent accompagnés de deux commissaires espagnols, Chaix et Rodriguez, que le gouvernement de Charles IV leur avait adjoints.

Les deux français s'établirent au CLOP DE GALAZO, montagne très élevée de la Catalogne, tandis que les deux espagnols s'installaient sur le mont Campvey dans l'Ile d'Iviça. Malgré les rigueurs de l'hiver, malgré les bourrasques qui emportaient souvent les tentes de nos travailleurs, confinés sur un pic élevé, n'ayant pour promenade qu'un espace d'une vingtaine de mètres carrés, les calculs étaient assez avancés au mois d'avril 1807 pour que Biot pût aller à Paris annoncer les résultats de l'entreprise, pendant que son jeune collègue la poursuivrait seul en joignant géodésiquement l'Ile Mayorque à Iviça et à Formentera, obtenant ainsi à l'aide d'un seul triangle la mesure d'un arc de parallèle d'un degré et demi. Mais tout-à-coup, la guerre éclate entre l'Espagne et la France.

Les signaux que *le Français* échangeait avec ses collaborateurs, les feux qu'il allumait sur les montagnes parurent suspects aux paysans. Arago n'a que le temps de se déguiser en paysan et d'emporter les papiers contenant ses observations.

Grâce à son accent catalan, il peut passer, sans être reconnu, au milieu d'une foule armée qui se précipite vers Galazo, sauver tous ses instruments et se réfugier à Palma sur un vaisseau espagnol dont le capitaine, craignant de ne pouvoir sauver autrement le jeune astronome, le fait enfermer dans la citadelle du Belver. Là il put lire dans quelques journaux, qui donnaient le récit des horribles massacres de Français dont la ville de Valence avait été le théâtre, la nouvelle de sa mort dans un article intitulé : « Relacion de la ahorcadura del Señor Arago, » etc. Songeant que l'événement pouvait bien se réaliser et préférant mourir noyé que pendu, il résolut de sortir de la forteresse et de passer de là à Alger sur une barque de pêcheur. Il y réussit au milieu de mille danger.º Le consul de France à Alger, M. Dubois-Thainville se montra plein de prévenances pour lui et l'embarqua sur une frégate algérienne qui portait deux lions que le dey offrait à l'empereur.

Le 16 août 1808, Arago pouvait apercevoir les côtes de France ; déjà le bâtiment était en vue de Marseille, lorsqu'un corsaire espagnol joint la frégate et s'en empare, Arago est fait prisonnier et mis en quarantaine non loin de Rosas. Ensuite on l'enferme lui et ses compagnons au fort de

Rosas où il dût éprouver la double souffrance de la faim
et de la captivité, au point qu'il fut forcé pour se procurer
quelque nourriture de vendre une montre que son père lui
avait donnée, ce qui devait, il est vrai, lui apporter un
certain soulagement, mais aussi causer une grande douleur
à sa famille. La ville de Rosas étant tombée plus tard au
pouvoir des Français, la garnison prisonnière fut envoyée
en France et passa par Perpignan. Le père d'Arago, en
quête de nouvelles sur son fils, entra dans un café au
moment où un officier prisonnier tirait de son gousset la
montre vendue par le jeune savant. Croyant y voir une
preuve de la mort de son fils, le malheureux père s'éva-
nouit. L'officier tenait la montre de troisième main et ne
put donner aucune nouvelle d'Arago.

Après une longue captivité au fort de Rosas, Arago est
jeté sur les pontons de Palamos où il fut accablé pendant
deux mois de mauvais traitements. Un jour pourtant on
rendit le bâtiment aux propriétaires et ceux-ci à la liberté.
Voici ce qui était arrivé : pendant sa quarantaine à Rosas,
Arago avait écrit au dey d'Alger pour lui rendre compte
de l'arrestation illégale de son bâtiment et de la mort d'un
des lions qu'il envoyait à l'Empereur. Le dey furieux
menaça de la guerre le gouvernement espagnol, si l'on
ne relâchait son bâtiment, après avoir pourtant réclamé
des dédommagements pécuniaires pour son cher lion.
L'Espagne avait alors assez de la France sur les bras pour
ne pas encore s'attirer des difficultés avec les Etats
barbaresques, et elle fit droit aussitôt aux réclamations
du dey. Le 28 novembre 1808, on mit à la voile le cap sur
Marseille. Mais, arrivé à quelques milles du port, le
navire fut pris par un violent coup de mistral, qui le
poussa du nord au sud et l'endommagea tellement qu'on
fut forcé, ne pouvant aborder sur la côte de la Sardaigne,

alors en guerre avec le dey, de se réfugier à Bougie, à trois journées d'Alger.

Déguisé en Bédouin et sous la conduite d'un marabout, Arago se rendit à Alger auprès d'un nouveau dey qui ne lui fit pas aussi bon accueil que son prédécesseur, tué dans une émeute. Pourtant grâces aux instances multipliées du consul, il parvint à recouvrer ses instruments et sa liberté et se dirigea vers la France. Le premier juillet, son navire était pour la troisième fois en face de Marseille, lorsqu'une croisière anglaise lui barra le passage. On réussit cependant à lui échapper en faisant force de voiles et l'on débarqua le lendemain au lazaret. La première lettre que reçut notre jeune héros à Marseille était de M. de Humboldt qui lui offrait d'abord des félicitations sur la fin de ses pénibles et périlleuses aventures, ensuite son amitié. Telle fut l'origine d'une liaison qui dura quarante-quatre ans sans qu'aucun nuage l'ait jamais troublée.

La pauvre mère d'Arago qui l'avait cru mort avait fait dire bien des messes pour le repos de l'âme de son fils bien aimé ; elle en fit dire autant pour remercier le ciel de sa résurrection. Après avoir passé quelques temps dans sa famille, le jeune savant retourna à Paris où l'attendait une agréable surprise. Le 17 septembre 1809, l'Académie des Sciences, sur le conseil de Laplace, Legendre et Monge, viola ses réglements pour l'admettre dans son sein. Il fut nommé à une majorité de quarante-sept voix sur cinquante-deux votants. Ce n'est pas seulement des espérances que l'on voulait encourager en donnant à Arago un fauteuil à l'Académie, c'étaient aussi des travaux acquis.

En effet, de concert avec Biot, il avait fait un travail sur la détermination du coefficient des tables des réfractions atmosphériques, si utiles pour les corrections des observations astronomiques. Il avait déterminé le rapport du poids de l'air à celui du mercure, et trouvé une valeur directe du coefficient de la formule à l'aide de laquelle on calcule les hauteurs des montagnes par de simples observations du baromètre, etc.. etc. Il venait en outre d'achever la triangulation la plus grandiose qui ait jamais été exécutée, pour prolonger le méridien de France jusqu'à l'île de Formentera.

Voilà les travaux que François Arago pouvait présenter à l'Académie. Ils étaient suffisants pour lui mériter le titre d'Académicien. D'ailleurs, les espérances qu'on voulait encourager en lui furent admirablement réalisées par une vie consacrée tout entière à l'accomplissement de ce triple devoir qu'il s'était imposé dès sa jeunesse : « Connaître, découvrir, communiquer, telle est la destinée d'un savant. »

Pourtant un obstacle imprévu menaçait de mettre un terme à une carrière si bien commencée. Sa présence d'esprit le tira d'affaire, heureusement pour la science dont il devait être un des plus illustres représentants. Arago avait quitté l'Ecole polytechnique pour l'Observatoire, avant la fin de la seconde année et sans avoir subi les examens de sortie qui l'auraient dispensé de la conscription. Le général Mathieu-Dumas l'invita à rejoindre les jeunes conscrits de la classe avec lesquels il devait partir. Arago lui déclara qu'il se rendrait au poste indiqué, sur la place de l'Estrapade, en habit de membre de l'Institut, et qu'il traverserait tout Paris dans ce costume. Cette résolution fit reculer le fonctionnaire qui se souvint que l'Empereur lui aussi était membre de l'Institut.

Avant de parler des découvertes d'Arago, esquissons rapidement la première partie de sa vie, celle qui est exclusivement consacrée à la science.

Peu de temps après son élection à l'Académie, Arago était nommé, par Napoléon, professeur de l'École polytechnique. Ce fut là que le collègue de Laplace et de Monge enseigna l'analyse de la géodésie pendant plus de vingt ans, et qu'à cause de l'étendue et de la variété de ses connaissances, il put successivement faire jusqu'à cinq cours différents. En 1812, Arago fut chargé par le bureau des Longitudes de faire un cours d'Astronomie et ce cours a été continué jusqu'en 1845. A dater de 1819, il fit périodiquement parti du jury central pour l'examen des produits de l'industrie. Membre du conseil de perfectionnement du conservatoire des Arts et métiers, il introduisit d'importantes améliorations dans l'organisation de cet utile établissement. En 1821, Arago exécuta des observations géodésiques sur les côtes de France et d'Angleterre. En 1822, il fut nommé membre et plus tard directeur du Bureau des Longitudes. Le 7 juin 1830, il fut enfin nommé secrétaire perpétuel de l'Académie des Sciences, section des sciences mathématiques, par trente-neuf suffrages sur quarante-quatre votants.

Les plus brillants travaux d'Arago sont antérieurs au moment où il fut atteint par les exigences de la vie politique. Ils datent de 1811, 1820, 1824. C'est pourquoi nous nous arrêterons dans le récit de sa vie scientifique à l'époque ou il entra au Parlement, comme député des Pyrénées-Orientales, en mentionnant seulement les mesures utiles qu'il a fait triompher de 1830 à 1848 par son influence de savant.

Le génie puissant d'Arago a embrassé toutes les connaissances humaines; mais où le savant a surtout brillé d'un splendide éclat, c'est par ses admirables découvertes en physique. Grâce à sa clarté et à ses facultés puissantes de rendre les choses évidentes, il a su étonner les savants eux-mêmes par sa profondeur, et instruire le peuple par la manière simple de présenter ses principes.

En optique, il détruisit le système de Newton et **admit** la théorie des Ondulations, c'est-à-dire l'éther, fluide insaisissable toujours en mouvement, transmettant les ondes lumineuses, ainsi que fait l'air pour le son. Ces ondes se produisent à la manière de celles que fait naître une pierre jetée dans l'eau, mais d'une façon insensible. Il renversait ainsi le système de l'émission directe des rayons lumineux.

Ayant fait la découverte de la polarisation chromatique, ou des couleurs que fournit un rayon de lumière déjà polarisé, c'est-à-dire influencé, soit par sa réflexion sur les corps miroitants, soit par son passage à travers des corps transparents, lorsqu'il vient à traverser des lames minces, inventeur en outre d'un photomètre précieux et du polariscope, il démontre que la lumière n'émane ni d'un corps liquide, ni d'un corps solide, mais bien d'un corps gazeux.

Il trouva le premier l'aimantation par les courants ou, en d'autres termes, que l'électricité peut aimanter le fer et l'acier ; c'était l'origine de la télégraphie électrique.

Il trouva enfin le magnétisme en mouvement ou **par** rotation : nous voulons parler de cette circonstance que le cuivre en mouvement influence l'aiguille aimantée jusqu'au point de l'entraîner, et qu'à l'inverse, l'aiguille aimantée est arrêtée par du cuivre en repos.

Cette magnifique découverte lui fit décerner en 1829 **par** la Société royale de Londres la médaille de Copley, distinction d'autant plus flatteuse qu'elle n'avait jamais été accordée à aucun français.

Ces quatres découvertes assignent à Arago une place parmi les plus illustres physiciens du XIXᵉ siècle, à côté de Gay-Lussac, d'Ampère et de Fresnel.

Mais Arago ne fut pas seulement un grand physicien, il fut encore un grand écrivain scientifique et il eut l'occasion soit comme membre, soit comme directeur du Bureau des Longitudes, de rectifier quelquefois les données de la science sur certaines matières spéciales et souvent les préjugés des gens du monde sur les phénomènes célestes ou autres. Il enrichit l'*Annuaire du bureau des longitudes* de traités sur les chronomètres, le climat de Paris, la rosée, la lune rousse, les quantités de pluie qui tombent à diverses hauteurs au-dessus du sol, opuscules où la science est mise avec une admirable lucidité à la portée des intelligences les plus vulgaires.

Comme astronome, Arago eut aussi les plus grands succès. Ce fut même l'astronomie qui lui donna la plus grande partie de son immense réputation. Il ne découvrit aucune nouvelle comète, il n'inventa pas un nouveau système du monde, mais il fit ce que peu de savants avaient fait jusqu'à lui, il *vulgarisa* la science : Il devenait ainsi la plus haute expression du savant tel que notre siècle le demande, c'est-à-dire du savant qui étudie non-seulement dans un intérêt scientifique, mais encore dans un intérêt pratique, celui de simplifier les hautes données scientifiques de manière qu'elles servent à activer le développement industriel et à élargir ainsi les destinées du travail, celui de faire comprendre à la foule ce qu'autrefois les savants seuls pouvaient comprendre, pour que non-seulement l'industrie et les arts profitent de cette expansion de la science, mais encore pour que, par un retour assez naturel, la foule puisse participer au mouvement scientifique et quelquefois lui donner son impulsion. L'*Astronomie populaire* d'Arago est la plus belle réalisation de ce but, le plus beau service qu'un homme puisse rendre à l'humanité.

Ce rôle de vulgarisateur qu'Arago s'était donné, il le

remplit éminemment dans les différentes chaires qu'il occupa, soit comme professeur à l'Ecole polytechnique, soit comme professeur à l'Observatoire.

« A l'Ecole polytechnique, a dit un de ses élèves, Arago avait professé tour à tour la géodésie, la géométrie, la théorie des machines, l'astronomie et la physique, en s'astreignant, sans sécheresse et sans vaine subtilité, à la savante et solide rigueur que le jeune auditoire peut supporter et qu'il attend de ses maîtres. Le cours d'Astronomie, professé à l'Observatoire, au nom du Bureau des Longitudes, demandait des qualités bien différentes. Au lieu d'approfondir, il fallait effleurer. L'entrée était libre ; et, si le public mérite toujours d'être instruit, il rend souvent la tâche difficile à ceux qui osent l'entreprendre : les auditeurs, pour la plupart incapables d'une étude lente et profonde, voulaient sans fatigue, sans ennui, occuper leurs loisirs pendant une heure ou deux. Il fallait leur mesurer en quelque sorte les vérités, sans exiger d'eux un temps qu'ils ne pouvaient donner et une patience qui leur eût bien vite échappé. L'esprit flexible d'Arago, également capable de descendre et de s'élever, savait éclairer les auditeurs les moins préparés sans cesser de satisfaire les plus doctes. C'est en se faisant toujours comprendre qu'il se faisait toujours admirer, et son enseignement, net et lumineux sans être dogmatique, en habituant les gens du monde aux grandes idées scientifiques, a puissamment contribué à leur imprimer le goût des vérités abstraites et sérieuses. »

Arago était très physionomiste. Il avait l'habitude, quand il commençait son cours, de chercher au milieu de l'auditoire la tête la plus niaise ; et, chaque fois qu'il faisait une démonstration un peu difficile à comprendre, il se tournait vers cette tête, et, selon qu'il remarquait une moue de mécontentement ou un signe de satisfaction, il rendait sa démonstration plus claire, la rectifiant encore, si la moue persistait, ou s'en tenait à ce qu'il avait dit et ne changeait rien à sa méthode, si la satisfaction se reflétait sur le visage de cet auditeur. Cet artifice singulier, mais ingénieux, fit qu'Arago fut toujours compris de ceux qui suivirent ses leçons.

Devenu secrétaire perpétuel de l'Académie des Sciences, Arago, ne voulant pas être accusé de cumuler de gros traitements, donna sa démission de professeur à l'École polytechnique. Pendant vingt-deux ans, l'Académie trouva en lui un lucide et infatigable interprète, en même temps qu'un guide sûr et désintéressé dans les voies les plus hautes et les plus droites. Ses rapports et ses comptes-rendus sont restés les modèles du genre à l'Académie des Sciences, comme ceux de Villemain à l'Académie française. Arago, déjà grand physicien, écrivain éminent, professeur plein d'éloquence et de savoir, devint encore historien scientifique de premier ordre. Les biographies qu'il dût lire à l'Académie et auxquelles il refusa le nom d'éloges, qui répugnait à sa droiture, accrurent immensément sa réputation et sa popularité. Celles de Watt, de Bailly, de Condorcet, de Monge, de Volta, de Carnot, de Poisson, de Malus, de Fourier, de Young, de Gay-Lussac, d'Ampère, de Fresnel, etc., lui fournirent l'occasion de donner des appréciations propres à vulgariser les données de la science et à les rapprocher de la pratique. C'est un excellent moyen pour faciliter l'étude de la science, que de la mêler au récit de la vie des hommes qui ont le plus contribué à ses développements, des hommes qui ont devancé leur siècle par leurs découvertes, nous dirons plus, c'est le meilleur moyen pour la faire aimer. Arago, dès la première épreuve, se plaça parmi les plus grands

maîtres du genre ; il obtint en même temps un succès
d'une autre nature, qu'il n'avait pas cherché cette fois et
qu'il n'attendait pas.

C'était le 26 juillet 1830. Arago devait lire à l'Académie
la biographie de Fresnel, dans laquelle il n'hésitait pas
à critiquer un gouvernement qui avait refusé une place
à cet illustre savant, à cause de l'indépendance de ses
opinions. Le même jour parurent dans le *Moniteur* les
ordonnances qui confisquaient les libertés OCTROYÉES par
la Charte. Considérant cet acte comme un malheur pour
la France et ne voulant pas prendre la parole dans ce jour
de tristesse, Arago communiqua les lignes suivantes à ses
collègues : « Si vous avez lu le *Moniteur*, vos pensées
doivent être sans doute empreintes d'une profonde tristesse, et vous ne devez pas être étonnés que moi-même je
n'aie pas assez de tranquillité d'esprit pour vouloir
prendre part à cette cérémonie. » Mais ses collègues,
craignant l'effet de cette muette protestation, supplièrent
Arago de ne pas accomplir une résolution qui pouvait
être funeste à l'Institut. Le jeune secrétaire perpétuel
céda, mais sans consentir à supprimer une ligne de la
biographie de Fresnel.

L'éloge qu'il fit des opinions du grand physicien, la
critique du gouvernement à la veille d'une révolution,
soulevèrent une tempête d'applaudissements. Arago mon-
trait déjà quelle ligne il allait suivre dans sa carrière
politique. « Je crains bien, lui dit Marmont, présent à la
séance comme membre de l'Académie, d'être obligé d'aller
chercher de vos nouvelles à Vincennes ». Ce n'est pas à
Vincennes que les deux amis devaient se revoir, mais aux
Tuileries où Arago se rendit le lendemain avec son fils,
malgré la fusillade, pour supplier le duc de Raguse d'ar-
rêter l'effusion du sang. Il obtint de Marmont cette

réponse qui est devenue célèbre : « Une horrible fatalité pèse sur moi, il faut que mon destin s'accomplisse ! »

La révolution de 1830, faite par le peuple, profita à la bourgeoisie dont les plus illustres représentants Dupont de l'Eure, Laffite, Casimir Périer, sans mandat de la part du peuple, mais prenant la direction du mouvement révolutionnaire, offrirent le trône de France au duc d'Orléans. Ainsi les amis d'Arago arrivaient au pouvoir,et le savant, pressé par les ministres et le nouveau roi d'accepter de hautes fonctions, pouvait s'élever aux premiers honneurs. N'ayant jamais eu d'ambition que pour le titre d'académicien, il refusa tout. Mais ne voulant pas rester en arrière dans l'œuvre de régénération politique qu'il croyait voir bientôt s'accomplir, il sollicita les fonctions gratuites de député. Les départements de la Seine et des Pyrénées-Orientales l'élurent simultanément en 1831. Il opta pour son pays natal, qui lui renouvela son mandat à chaque session et auquel il resta fidèle, quoiqu'il eût obtenu les suffrages du collège électoral de Narbonne en 1834 et ceux du sixième collège électoral de Paris en 1837 et 1846.

Il se montra d'abord l'ami d'un gouvernement qui avait pris pour devise : « *La Charte sera désormais une vérité* ». Il mit à son service toute son influence sur les masses et toute sa popularité. En 1831, la foule ameutée saccageait l'Archevêché et menaçait la Cathédrale. Arago, à la tête d'un détachement de la 12ᵉ légion, invite la foule à se disperser; mais il est menacé d'être jeté dans la Seine. « Mes amis, dit-il, à ceux qui le serraient de plus près, faites donc attention, je ne sais pas nager. » Cette présence d'esprit, cette invincible fermeté triomphèrent de la foule qui épargna la Cathédrale.

Cependant Arago, déçu dans ses espérances, rentra dans les rangs de l'opposition. Il siégea à l'extrême-gauche

entre Laffite et Dupont de l'Eure, avec lesquels il signa,
en 1832, le Compte-Rendu des votes et de la conduite de
l'Opposition, qui était soumis au peuple pour montrer
qu'elle ne participait pas aux actes arbitraires du gouvernement et signaler les errements de sa politique. Arago
défendit constamment les libertés publiques : il parla le
premier du droit au travail; il soutint l'institution du
jury que menaçait le ministère du 11 octobre ; il réclama
le maintien du droit d'association, plaida la cause des
réfugiés politiques, éleva plusieurs fois la voix en faveur
de la réforme électorale, montrant la nécessité de l'indépendance pour les électeurs et pour les élus. Son discours
du 16 mai 1840, prononcé à l'occasion des pétitions qui
demandaient l'extension du suffrage, produisit une profonde sensation ; il débuta par de hautes considérations sur
les origines philosophiques de la souveraineté populaire ;
il cita et commenta Platon, Pascal, Gœthe, Montesquieu ;
il osa, au milieu des réclamations du centre, faire l'éloge
de la CONVENTION NATIONALE.

« Une de nos assemblées, dit-il, qui a été vénérée par la
généralité du peuple, c'est la Convention (Ah ! ah ! mur-
mures). J'avoue, messieurs, que je ne comprends pas le
sens de cette improbation. Sous le règne de la Convention,
il s'est passé dans le pays des choses déplorables ; mais,
d'un autre côté, la Convention n'a pas laissé, elle, les
armées ennemies arriver jusqu'à la capitale ; elle a poussé
nos frontières jusqu'à leurs limites naturelles. Vous voyez
donc que l'on peut citer la Convention pour ce qu'elle a
fait de grand, de patriotique, de noble, d'immortel. »

Peignant ensuite les souffrances des classes laborieuses,
Arago insista sur la nécessité de modifier les règlements
de l'industrie, d'assurer les droits et le bien-être de l'uni-
versalité des citoyens ; il terminait en ces termes : « Je

veux le progrès constant, régulier. Ce progrès, le pays l'obtiendra par la réforme électorale. Tant que le peuple ne concourra pas au choix des députés, il croira que dans les mesures qui le concernent vous êtes restés en deçà des limites du possible. La révolution de 1830 a été faite par le peuple : fermons la bouche à ceux qui disent qu'elle n'a pas été faite pour le peuple ! »

Mais les connaissances d'Arago le mettaient à même d'éclairer la Chambre dans une foule de questions spéciales. Ce n'était jamais sans l'avoir entendu qu'on votait les articles du budget relatifs aux établissements scientifiques, aux écoles d'Arts et Métiers, aux monuments publics ; aux bibliothèques, aux machines à vapeur. Ce fut un des adversaires de l'exécution des chemins de fer par l'Etat, et ses arguments sans réplique parvinrent à en faire confier la construction et l'exploitation aux Compagnies. Ici encore nous voyons paraître le caractère indépendant d'Arago. Les démocrates d'alors, les plus absolus s'entend, soutenaient que l'exécution des chemins de fer devait être laissée à l'Etat et considéraient comme une trahison envers leur parti l'opinion contraire d'Arago. Mais celui-ci, se dégageant de toute préoccupation politique, presque toujours dangereuse d'ailleurs quand elle se mêle aux choses de la science, ne considéra que les résultats pratiques et l'utilité des mesures qu'il proposait. Ses adversaires plus tard eurent beau jeu, quand ils virent le peu d'extension que prenaient les chemins de fer, mais en mourant le savant put voir son idée porter des fruits et se réaliser le plus heureusement possible.

Arago appuya aussi l'établissement des télégraphes électriques, provoqua l'amélioration de nos ports, et en particulier de celui de Port-Vendres, la transformation des armes à silex en armes à percussion.

Ce fut sur ses rapports que la Chambre vota l'impression des œuvres de Laplace, celle des œuvres de Fermat, et l'acquisition de l'hôtel de Cluny; qu'elle accorda une pension à Vicat, l'inventeur des ciments hydrauliques artificiels, et qu'elle acheta le secret de Daguerre, l'inventeur de la photographie. Tout en remplissant ses devoirs de député, il continuait son cours, écrivait dans l'*Annuaire du bureau des Longitudes* des notices sur les Etoiles multiples, le pôle voltaïque, les puits forés, la comète de Halley, les hiéroglyphes égyptiens, le tonnerre, etc., etc. En même temps, il présidait le Conseil général de la Seine et il y apportait la pensée démocratique et libérale dont il ne s'est jamais départi.

Il faut dire aussi que nommé membre du Conseil municipal de Paris, peu de temps après son entrée à la Chambre, il s'y fit remarquer par son activité d'esprit, par sa sollicitude pour les intérêts de la cité parisienne, par son aptitude à résoudre les difficultés multiples de l'administration urbaine. Ses études incessantes sur les exigences sociales : éducation, instruction, établissements de bienfaisance, hôpitaux, prisons, salubrité, viabilité, voirie, mont-de-piété, travaux, finances, en firent pendant plus de 20 ans, le consciencieux édile qui fut l'honneur et la lumière du Conseil.

Dans ses diverses fonctions, à la Chambre surtout, Arago conservait les éminentes qualités d'orateur qu'il avait révélées dans ses différents cours.

« Lorsque Arago monte à la tribune, a dit Timon dans son livre des Orateurs, la Chambre, attentive et curieuse, s'accoude et fait silence. Les spectateurs se penchent pour le voir. Sa stature est haute, sa chevelure est bouclée et flottante, et sa belle tête méridionale domine l'assemblée. Il y a dans la contraction musculeuse de ses tempes, une puisssance de volonté et de méditation qui révèle un esprit supérieur.

A la différence de ces orateurs qui parlent sur tout et qui ne savent, les trois-quarts du temps, ce qu'ils disent, Arago ne parle que sur des questions préparées qui joignent à l'attrait de la science l'intérêt de la circonstance. Ses discours ont ainsi de la généralité et de l'actualité, et ils s'adressent en même temps à la raison et aux passions de son auditoire. Aussi ne tarde-t-il pas à le maîtriser. A peine est-il entré en matière, qu'il attire et qu'il concentre sur lui tous les regards. Le voilà qui prend, pour ainsi dire, la science entre ses mains ! Il la dépouille de ses aspérités et de ses formules techniques, et il la rend si perceptible, que les ignorants sont aussi étonnés que charmés de le comprendre. Sa pantomime expressive anime tout l'orateur. Il y a quelque chose de lumineux dans ses démonstrations, et des jets de clarté semblent sortir de ses yeux, de sa bouche et de ses doigts. Il coupe son discours par des interpellations mordantes, qui défient la réponse, ou par de piquantes anecdotes qui se lient à son thème et qui l'ornent sans le surcharger. Lorsqu'il se borne à narrer les faits, son élocution n'a que les grâces naturelles de la simplicité. Mais si, face à face de la science, il la contemple avec profondeur pour en visiter les secrets et pour en étaler les merveilles, alors son admiration commence à prendre un magnifique langage, sa voix s'échauffe, sa parole se colore, et son éloquence devient grande comme son sujet. »

Mais une plus grande carrière encore était réservée à Arago. Tout le monde sait le rôle immense qu'il joua après la révolution de 1848. Membre du gouvernement provisoire, ministre de la marine, chargé par intérim du ministère de la guerre, il se prononça contre les partis extrêmes. Nommé

membre de la Constituante par les départements de la
Seine et des Pyrénées-Orientales, il opta pour le
département de la Seine et fut choisi par l'Assemblée pour
faire partie de la Commission exécutive.

Dans ces diverses fonctions, Arago se montra grand
patriote et homme de cœur. Il réussit à faire adopter le
décret qui abolissait l'esclavage dans les colonies et cela au
milieu de mille difficultés. Il ne voulut pas en retarder la
proclamation d'un seul instant, craignant d'en compro-
mettre la réalisation par le moindre délai, et sa volonté
fut plus forte que tous les obstacles. Il eut encore le
bonheur de signer le décret qui abolissait les peines corpo-
relles chez les marins, admirable décret qui supprimait
cet usage des châtiments corporels dégradant pour la
dignité humaine. Mais les mauvais jours de la Révolution
étaient arrivés. Arago répondit à toutes les exigences de la
situation : on le vit tantôt haranguer des députations,
tantôt conjurer l'émeute, influer sur les délibérations de
l'Hôtel-de-Ville et soutenir à la tribune la liberté contre
la réaction naissante. Pendant les douloureuses journées
de juin, on le vit, seul, précédé d'un tambour, parcourir
le faubourg Saint-Marceau en exhortant la foule à
mettre bas les armes, et exposer mille fois sa vie pour
pacifier l'émeute.

Après le 2 décembre, François Arago, fidèle à ses
convictions politiques, à la République qu'il avait fondée,
refusa de prêter le serment qu'il devait comme directeur
de l'Observatoire et devant son grand nom s'arrêtèrent les
rigueurs de la politique. On devait bien cela au membre
de toutes les académies savantes d'Europe, à l'ami
particulier des Monge, des Laplace, des Biot, des Fresnel,
des Humboldt, des Faraday, des Brewster, des Melloni, etc.

Mais une si longue carrière et peut-être aussi les

derniers évènements qui venaient de troubler son pays avaient brisé son énergie. Les médecins lui ordonnaient d'aller refaire ses forces dans son pays natal. Arago, sentant qu'il n'avait pas pour longtemps à vivre, revient bientôt à Paris. Malgré les fatigues d'un long et pénible voyage, à peine arrivé à l'Observatoire, l'illustre malade assistait à une séance du Bureau des Longitudes et allait remplir ses fonctions de secrétaire perpétuel à l'Académie. Mais le 2 octobre 1853, à six heures et demie du soir, il succombait à la maladie dont il souffrait depuis longtemps, et contre laquelle son infatigable esprit avait lutté jusqu'au dernier moment.

Le monde entier était sensible à la perte d'un si grand génie et envoyait à ses funérailles une foule de savants et d'hommes politiques. Une statue lui était élevée en 1865 sur la place publique d'Estagel, mais elle n'était élevée qu'au savant et ne servait qu'à une manœuvre électorale d'un de nos députés. Mais le jour de la réhabilitation politique est venu pour Arago et la ville de Perpignan va élever un monument au grand savant comme au grand patriote, à l'homme dont on pourra dire désormais et plus franchement qu'en 1865 : « C'était le plus noble cœur et la plus forte tête de l'époque.

ÉMILE VERAX

Imprimerie Commerciale et Administrative
DE J. COMET
Rue Saint-Dominique, Perpignan.

Factures, Circulaires. Prospectus. Têtes de lettre
Cartes. Lettres de naissance, mariage et décès. etc.
Etats administratifs et autres.
Labeurs en tous genres. comme Brochures. Mémoires, Thèses, etc., etc.

LA PUBLICITÉ
Journal d'intérêt public
Economique, Agricole et Commercial

Fondé, il y a déjà plusieurs mois, pour faciliter les transactions commerciales. ce journal a la spécialité des annonces. Malgré son format, le plus **grand** des journaux du pays, il est **distribué gratuitement** et **à domicile** chez tous les négociants, propriétaires et employés de la ville de Perpignan, par milliers d'exemplaires.

Les personnes du département qui voudraient recevoir cette feuille sont priées d'envoyer 1 franc par an pour les frais de poste. Pour les autres départements, 2 francs.

Le prix des annonces est fixé à 15 c. la ligne.

Ce journal s'occupe d'agriculture et donne un grand nombre d'articles sur des sujets instructifs.

Bureaux : Imprimerie Comet. Perpignan.

www.ingramcontent.com/pod-product-compliance
Lightning Source LLC
LaVergne TN
LVHW010505060726
842527LV00005B/1880